感覺是秘密

你的感覺會決定你是什麼人，並且創造你的真實世界！

Feeling Is The Secret

內維爾・高達德（Neville Goddard）/ 著
林許迦恆 / 譯

New Life 32

感覺是秘密
：你的感覺會決定你是什麼人，並且創造你的真實世界！

原著書名　Feeling Is The Secret
原書作者　內維爾．高達德（Neville Goddard）
譯　　者　林許迦恆
封面設計　林淑慧
特約編輯　洪禎璐
主　　編　劉信宏
總 編 輯　林許文二

出　　版　柿子文化事業有限公司
地　　址　11677 臺北市羅斯福路五段 158 號 2 樓
業務專線　（02）89314903#15
讀者專線　（02）89314903#9
傳　　真　（02）29319207
郵撥帳號　19822651 柿子文化事業有限公司
投稿信箱　editor@persimmonbooks.com.tw
服務信箱　service@persimmonbooks.com.tw
業務行政　鄭淑娟、陳顯中

初版一刷　2024 年 03 月
定　　價　新臺幣 280 元
I S B N　978-626-7408-22-3

國家圖書館出版品預行編目(CIP)資料

感覺是秘密：你的感覺會決定你是什麼人，並且創造你的真實世界！/ 內維爾．高達德（Neville Goddard）著；林許迦恆譯.
-- 一版. -- 臺北市：柿子文化事業有限公司, 2024.03
面；　公分. -- (New life ; 32)
譯自：Feeling Is The Secret
ISBN 978-626-7408-22-3（平裝）
1.CST: 自我實現 2.CST: 意識 3.CST: 生活指導
177.2　　113001855

著書多，沒有窮盡；讀書多，身體疲倦。

——《傳道書》（12:12）

若想窮極任一藝術，應重複閱讀一本厚實精闢的相關藝術書籍；反之，若一味的閱讀多本著作，而不深刻思考，只會造成凌亂的記憶，而非知識的收穫。

——古俗語

推·薦

【具名推薦】

吳若權，作家、廣播主持、企管顧問

陳盈君，左西人文空間創辦人

是心靈指南，更是啟發靈魂的寶典

簡宏志／彼得教練，心靈療癒導師

這是一部充滿智慧和啟示的心靈力作，由二十世紀的心靈導師內維爾．高達德所著。這本書深刻地揭示了意識的法則及其運作方式，將我們的思想和情感置於改變現實的核心。在這份獨特的指南中，內維爾結合了對意識、睡眠、祈禱以及感覺的深刻理解，呈現出一個引導讀者走向心靈轉變的道路。

首先，書中的第一章深入探討了「意識法則及其運作方式」。內維爾以簡潔而深刻的方式，解釋了我們如何透過意識來引導現實。這一章為讀者提供了實際的工具，使他們能夠理解以及如何運用思想的力量，來創造更加豐盛的生活。

其次，內維爾闡述了「睡眠」的神奇影響。書中的第二章揭示了睡眠狀態如何成為思想的孵化器，引導我們創造出理想的現實。這個看似被低估的時刻，實際上是我們內在潛力的發掘地。

進一步，第三章「祈禱」不僅僅是宗教實踐的探討，更是一種通向心靈深處的對話方式。內維爾將祈禱視為與心靈對話的途徑，以及實現個人願望的重要工具。

第四章深入探討「意識法則的精髓——感覺」。這章文字雖然精簡，卻是一個引人入勝的篇章，教導我們如何透過情感的體驗，來吸引我們所渴望的現實。內維爾在這裡揭示了一種改變思維方式的秘訣，讓讀者在實踐中感受到內在力量的轉變。

《感覺是秘密》不僅僅是一本心靈指南，更是一本啟發靈魂的寶典。這本書值得深思並反覆閱讀，而每一次的閱讀都會帶來新的領悟和啟示。這部作品將引領我們走向一個全新的心靈旅程，使我們在塑造自己的現實中發現前所未有的力量，讓你親身體驗「感覺是秘密」的奇蹟！

在這位心靈導師的引領下，我們將會發現每一個情感都是一種力量，而我們內在的感覺狀態即成就了我們所處的現實狀況。

無論你是尋求心靈覺醒的初學者，還是深耕於心靈探索的學者，這本書都能夠為你打開一扇通往內在力量與心靈的大門。透過深度的思考和實踐，你將體驗到「感覺」所具有的神奇能力，並從中發現——自己是生活舞臺的主角。

作為一位多年心靈導師，我深知內在力量的轉變是一場漫長而美麗的旅程，而這本書無疑是這趟旅程中的一位陪伴智者，也清楚知道其所蘊含的價值，因為它提供了實際工具，讓我們能更加覺醒並主動地引導自己的思維，進而實現更高層次的自我。

結合我自身的經驗和這本書的教導，我堅信，每一位讀者在閱讀完這本書後，都將獲得一份深層次的心靈體悟，並能夠開始主動引領自己走向更為充實與豐盛的人生。

秘密的關鍵

周介偉，光中心創辦人

「同頻共振，同質相吸」是這個頻率宇宙最基礎而堅定的宇宙法則，而我們每個人身上在散發的頻率，就是我們當下真實的「感覺」。

所以國際知名的與神對話訊息，才會說「感受是靈魂的語言」；而吸引力法則經典影片《The Secret（秘密）》的結語才會說「Feel Good」——要好運的關鍵，是要常保「感覺良好」。

這本近百年前的小書，它道出了大家都想要的心想事成和創造顯化的關鍵——「感覺」，並說明其背後的陰陽意識法則，和如何利用想像力，在祈禱和許願時來調整感覺，也就是調對、調好你的頻率。這個重點跟國際最知名吸引力法則大師亞伯拉罕的靈性訊息重點「調整你的觀點，隨時對頻美好感覺」是完全一致的，所以推薦您來一讀，了解這秘密的關鍵。

【來自國外的推薦】

我去「The Secret」網站讀了一些故事，來尋找獲得財富的動力。有一個故事讓我印象特別深刻，在那個故事中，敘述者提到了內維爾．高達德是他們的導師。我想，內維爾在《秘密》一書中多次被提及，為什麼不去看看他的著作呢？我找到了他寫的幾本書，讀起來很輕鬆，因為大多數都很短，但其中有一本很突出，書名標題是《感覺是秘密》，就在那時，它擊中了我。是啊！我的想像中正是缺少了感覺的部分……

——Mutsa Prue

這本書討論了我們良心和潛意識部分的關係、想法和印象，以及它們如何影響我們一生中的整體經驗。這本書分為四個章節——法則及其運作方式、睡眠、祈禱和意識法則的精髓。我確實希望它更長，因為它似乎突然結束。但這也讓我想研究更多高達德的作品，因為它發人深省且有趣。我會推薦給任何想要感覺更好，或尋找更好改善思想／生活方法的人。

——Stephanie

如果你剛接觸內維爾．高達德的作品，我會推薦你先從這本書開始。這本書解釋了表現的基礎——你的思想如何塑造你的生活，創造你的現實，並在最終展現或擴展你的真正潛力。這是一本快速而簡單的讀物，描述了我們的思想和情感如何影響我們成為什麼樣的人，以及我們可取得什麼成就。當我們有能力進行改變時，我們就有能力改變我們的環境、健康和人生目標。

——Kenneth Wong

當好事突然或出乎意料地發生在你身上時，你是否問過自己這是怎麼發生的，或者為什麼會發生在你身上？嗯，我也是！在過去的幾年裡，我一直在問自己的是：「為什麼？我以為過去幾年來自己一直陷入可怕的陳舊理念中，卻沒想到竟有真正的好事發生在我身上！究竟發生了什麼事？其間的道理何在？」

讀完這本書後，我用淺顯易懂的語言解釋了這個應用程序，所以我實際上能夠立即將這個秘密應用到我的日常生活中。我的意思是立即！我不再問以上這些問題了，甚至沒有必要問。我終於掌握了一些一直以來都知道的奇妙事物，但我的重點是思想，而不是事物的感覺。這是真的！我在這本小書中讀到的事實得到了證實，讀完後我立即感覺到壓力從我的身體上消失了。關於這本書，我要說的最後一件事是，如果你掌握並應用它，它就會改變你的生活。密切注意你的感受，以及你選擇的感受，因為我們的感受比我們被教導的更重要！

——Cassandra

認識內維爾．高達德

內維爾．高達德是新時代思想領域中極具影響力的先驅，他能夠在一個小時的講座中，闡明新時代思想的本質與神，以及神和每個人的關係。愛爾蘭作家約瑟夫．墨菲（Joseph Murphy）曾在紐約跟隨內維爾學習，認為「內維爾將會被公認為世界上最偉大的神秘主義者之一」，事實證明他的話不假。

內維爾出生於英屬西印度群島的巴貝多，在十個手足中排行第四。有一天，他們到海邊的小屋附近玩耍。

住在小屋裡的先知預言道，內維爾有一項來自上帝的特殊使命要執行，並對內維爾說：「你將前往一個遙遠的地方，並在那裡度過一生。」後來，內維爾果真在十七歲時前往美國學習戲劇，也先後在百貨公司和百老匯的劇院工作。

一九三一年，內維爾二十六歲，朋友帶他去聽一位猶太裔的衣索比亞拉比阿卜杜拉（Abdullah）關於基督教的演講。

沒想到，從未見過內維爾的阿卜杜拉竟對他說：「你遲到了，內維爾，你晚了六個月！我被告知要等你。」

之後，內維爾開始跟隨阿卜杜拉每週整整學習七天，持續七年，這期間他學會了希伯來語、卡巴拉（Kabbalah，與猶太哲學觀點有關的思想），以及關於真正基督教的知識。

一九三二年，內維爾放棄戲劇事業，全心投入神秘主義研究，陸續在紐約、洛杉磯、舊金山等地演講，也透過電視節目以及定期在威爾希爾・埃貝爾劇院（Wilshire Ebell Theatre）發表演講。

內維爾認為，《聖經》是一本人類心理學的寓言書，而非歷史事件的記錄。

他曾表示，如果自己被困在孤島上，並且只可以讀一本書的話，他會毫不猶豫地選擇《聖經》，如果能讀更多書的話，他會再加上宗教領袖查爾斯・菲爾莫爾（Charles Fillmore）的《聖經名字形而上學詞典》，以及威廉・布萊克（William Blake）的作品。

一九五九年之前，內維爾在講座和書籍中都只討論了「法則」（The Law）。他講述了自己在經濟大蕭條時期，如何在沒有錢的情況下從紐約出發到巴貝多探望家人；如何透過想像的力量，光榮地從兵役中退伍。他表示，「**要學習如何充滿愛心地運用想像力，因為人類正在進入一個一切都受制於自身想像力的世界。**」

一九六〇年代晚期到一九七〇年代初期，內維爾開始體驗到「應許」（The Promise），並開始強調它。他表示，使用想像的力量，確實可以改變生命的環境。而其所說的「應許」，是指不會再出現在這個三維世界，而是到一個彼此都是兄弟姊妹且無限相愛的世界。如果人們死亡時沒有經歷應許，就會在一個最適合未完成工作的地方一次次地復活，一直持續到真正的覺醒，並離開這個死亡世界。

而在人們覺醒之前，可以使用上天所賜予的法則來「緩衝生命的打擊」，這條法則就是內維爾所說的「**想像創造現實**」。

前言

這是一本講述如何實現內心願望的書，它將讓你了解，要如何以一己之力創造新的願景。

雖然這是一本十分輕薄的書，但內容十分精彩，字字珠璣，其中蘊藏著一個無價的寶藏——**也就是一條清晰明確的圓夢之路**。

如果透過合理的論據和實例來解說，這本書的篇幅將會多出數倍，也可以讓更多的人信服。

然而，若單單以文字書面來陳述或論證，還是很難達到理想的效果，因為本書所講述的內容仍處於論證階段，而在這樣立論未定的狀況下，一般人將無法公正評斷事實，反而容易將作者誤解為是騙子或是走火入魔的學者。因此，就算他提出了合理的證據，也會被認為是偽造出來的，或者是胡言亂語。

所以，我刻意刪除了所有的論據和見證，並期望那些勇於嘗試的讀者，能夠親自實踐本書所傳達的意識法則。

我相信，讀者自身實踐後的成功經驗，將比所有講述此意識法則的書籍更具說服力！

——內維爾．高達德

一個人是什麼樣子，
他就看到什麼樣的世界。

目錄 CONTENTS

推薦　004
認識內維爾・高達德　013
前言　017
第一章　意識法則及其運作方式　022
第二章　睡眠　056

第三章　祈禱　086
第四章　意識法則的精髓——感覺　100

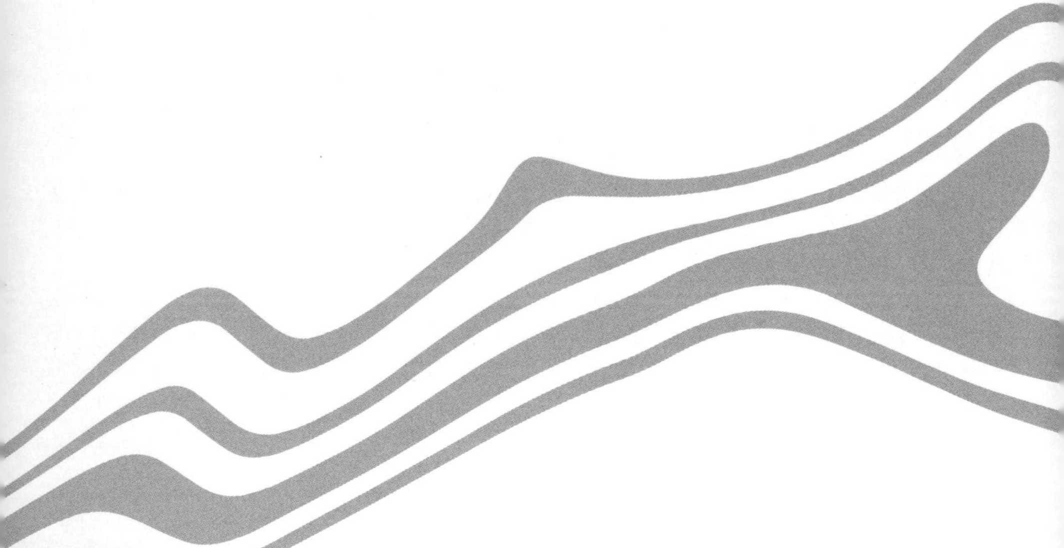

第一章

意識法則及其運作方式

這個世界以及一切存在於其中的事物，
都是人類的內心意識在某些條件下，
所創造的具象化結果。

意識即是創造現實世界的根源與本質。
因此，如果我們想要了解創造的秘密，
就必須回到內心的意識。

如果你了解這個意識法則的原理和使用訣竅，
便能夠實現生活中的一切願望。
也就是說，擁有了這個法則的運作知識，
你就可以創造並延續屬於你的理想世界。

「意識是唯一的現實」，
這並非比喻，而是事實。

為了讓各位能具體了解，我做個比喻：
這個現實可以視為一條被分為兩個流道的水流，
這兩條水流便是意識和潛意識。

為了善用意識法則，你有必要理解意識和潛意識之間的關係。
意識是個人化，且具有選擇能力；
潛意識則是非個人化，且不具選擇能力。

意識是「影響」（effect）的領域；潛意識則是「原因」（cause）的領域。
這兩個面向是意識的陽性面和陰性面，
意識屬於陽性，潛意識屬於陰性（如東方民族的陰陽概念）。

意識會產生思想，並將這些思想烙印在潛意識中；而潛意識會接收這些思想，並將之組織及彙整，轉變為能夠表現出來的實體形式（form）。

根據「先構想出一個思想，再將它烙印在潛意識中」這個法則，
世上所有的事物都可以說是從意識中演化出來的；
如果沒有這個機制，
就不會有任何事物被創造出來。

意識將思想烙印在潛意識中，
而潛意識則表現出印在上面的一切。

潛意識並不會產生思想，
但會接受那些被意識判定為真實的想法，
並且以一種只有潛意識可以理解的方式，
將被接受的思想實體化。

因此，人類只要運用自身的想像力、感覺，
以及選擇自己認同的想法，
就可以掌握創造的能力。

要控制潛意識，就要先從控制你的思想和感覺開始。

創造的機制就埋藏在潛意識最深處；
潛意識是創造的陰性面或孕育的子宮。

潛意識超越了理性，並且獨立於人的思維。
它會將感覺認定為事實，
並基於這種認定而將它表現出來。

創造的過程始於思想；
而創造的循環則以感覺為開端，
並以現實的行動收尾。

思想會經由感覺而烙印在潛意識中。
除非你感覺到一個思想，
否則想法本身無法被烙印在潛意識中，
而一旦你感覺到某個思想，
不論它是好、是壞，還是中立的，
都必定會被表現出來。

感覺是唯一一個能夠將想法傳遞給潛意識的媒介。

因此，那些無法控制自己感覺的人，
很容易會將不理想的狀態烙印在潛意識中。
然而，控制感覺並不代表要壓抑或限制自己的感覺，
而是要訓練自己只去想像和擁有那些會讓自己幸福的感覺。

「控制自己的感覺」對於實現自身理想和幸福的生活非常重要。
請記得，千萬不要抱持著不理想的感覺，
也不要對任何形式的失誤產生憐憫；
更不要長時間把注意力放在自己或他人的不完美上。
這樣做會在潛意識中烙印上這些不良的因素。

謹記，對於任何你不希望發生的事，
就不要去感受它發生在你自己或他人身上的情況。
這就是邁向理想和幸福生活的完整法則，其他都只是補充而已。

每一種感覺都會在潛意識中留下烙印，
除非它被更強力的相反感覺所抵消，
否則它必然會被表現出來。

在兩種感覺之中占主導地位的那一方，將被表現出來，
例如：「我很健康」比「我將會健康」更強烈。

若你所感覺到的是「我將會」，就等於承認「我不是」；
而「我是」比「我不是」更強烈。

你越常感覺著某一種狀態，就越容易變成那種狀態；
因此，要實現願望，
必須將實現願望的感覺視為一種實際存在的狀態，
而不是一種尚未存在的狀態。

感覺先於表現，是所有表現的基礎。
要注意你的情緒和感覺，
因為你的感覺與你所見的世界之間，有著密不可分的聯繫。

你的身體是一個情感過濾器，
它會根據你的情緒而在身上顯現痕跡。
情緒上的困擾，特別是被壓抑的情緒，
是一切身體疾病的源頭。
當心理出現了一個強烈的錯誤感覺，
若不肯抒發或是無法抒發出來，那就是疾病的開始，
而這種疾病會顯現在身體上，也會顯現在周遭環境上。

因此，請不要沉浸於後悔或失敗的感覺，
因為沮喪或迷失目標的心情，最終會導致疾病。
請以你最渴望的狀態來建構感覺。

感覺你所追求的狀態都是真實存在的，
並以這樣的信念來生活和行動，
這是讓所有奇蹟成真的必經之路。

所有現實表現的變化，都是經由感覺的改變而帶來的。
感覺的改變就是命運的改變。

所有的創造都發生在潛意識的領域中。
因此，你必須對潛意識進行反思性的控制，
也就是對你的思想和感覺的控制。

你不能把所遭遇的事情都責怪到偶然或意外上，
你的幸運或不幸也不是由命運所創造。
你的潛意識印象，決定了你眼中世界的狀態。
潛意識是不具選擇能力的；
它是無私的，「不偏待人」（《使徒行傳》10:34；《羅馬書》2:11）。

潛意識並不關心你的感覺是否真實，
而是始終會將你感覺為真實的事物視為真實。
「感覺」是潛意識對所宣稱事物的真實性的判斷標準。

由於潛意識具有這種特性，
對人類來說就沒有什麼事情是不可能的。
無論人的心智是如何構想並感覺到真實，
潛意識都能夠且必須將它具體化。
也就是說，你的感覺創造了你所處世界的狀態，

感覺的改變就是狀態的改變。

潛意識在表現那些烙印於其上的東西時，從來不會失敗。

它一接收到訊息，就會開始運作表現的方式。

它會接受那烙印於其上的感覺（也就是你的感覺），

將之當成一個存在於自身中的事實，

並立即開始在外部或有形世界裡，

製造出與那種感覺完全一致的相對現實。

潛意識從來不會改變一個人所接受的信念，

只是將那種信念完全呈現出來，無論它們對自身是否有益。

為了向潛意識灌輸理想的狀態，
你必須預先感覺到自己已經實現心願時的感覺。

在定義目標時，
你只需要關注在目標本身，
不需要考慮表現方式或可能遇到的困難。

如果你以感覺的方式想像任何狀態，
它將會在潛意識中留下印象。

因此，當你專注於困難、障礙或不安，
潛意識會基於其不具選擇能力的本質，
而接收到困難和障礙的感覺，
並在你的外在世界中創造它們。

潛意識是一切創造的子宮。
它經由人的感覺來接收思想，
而且永遠不會改變它接收到的想法，
而是會將這些想法轉化為實體形式。

因此，潛意識會根據接收的感覺，
將思想表現在現實中，如同將一幅畫中的物品帶到現實生活。

如果你是以無望或不可能的心念去感覺一個狀態，
就是在向潛意識灌輸失敗的想法。

儘管潛意識忠實地服務於人，
但我們實在不應該以古代的主僕關係，來理解此關係。
古代的先知稱其為人的奴隸和僕人。
聖保羅將其擬人化為一個「女人」，並說：
「妻子也要怎樣凡事順服丈夫。」（《以弗所書》5:24；另見《哥林多前書》14:34、《以弗所書》5:22、《歌羅西書》3:18、《彼得前書》3:1）

潛意識確實服務於人，並忠實地將感覺轉化為實體形式。

然而，潛意識對於強迫行為有明顯的厭惡，
它比較像是接受說服而不是命令；
因此，它更像是心愛的妻子，而不是僕人。

「丈夫是妻子的頭」（《以弗所書》5:23）
這句話可能不適用於男女在現實世界的關係，
但對於意識和潛意識，
或是意識的陽性和陰性面向，卻是正確的。

保羅在「這是極大的奧秘」（5:32）、「愛妻子便是愛自己了」（5:28）、「二人成為一體」（5:31）

這些句子裡所指的奧秘，只是意識的奧秘。

意識實際上是合而為一且不可分割的，但為了創造而表現出一分為二的形式。

意識（客觀）或陽性面向，確實是領導者的角色，支配著潛意識（主觀）或陰性思維。

然而，這種領導並非以暴君的行事作風，
而是以愛人的方式領導。

因此，當你想像著自己已經擁有目標時所帶來的感覺，
潛意識就會被帶動，建立起你所想像的現實。

只有當你想像了某個事物的真實感覺時，
你的願望才會被潛意識所接收，
因為一個想法只有經由感覺，才能在潛意識中被接收，
並且只有經由這種潛意識的接收，此想法才得以表現出來。

比起承認「世界的狀態即為內心感受的反射」，將你的感覺歸因於世界上發生的事件，的確更加容易。

然而，外在反映內在，是永恆不變的真理。

「其下如其上，其上如其下。」

正如相傳由赫米斯・崔斯莫吉斯提斯（Hermes Trismegistus，希臘神與埃及神的綜合體）所提出的七大原則之第二原則：

「一致」——其外如其內，其內如其外；其下如其上，其上如其下。（註）

註：參見《祕典卡巴萊恩》一書。（柿子文化出版）

「若不是從天上賜的，人就不能得什麼。」（《約翰福音》3:27），
以及「神的國就在你們心裡。」（《路加福音》17:21）

一切事物都來自內在，而不是外在；一切都來自潛意識。

你無法看到你意識內容之外的任何事物。
你的世界中的每個細節，
都是你的意識的客體化。
客體世界就是潛意識的反射，
而改變潛意識的印象，
將導致外在表現的改變。

潛意識接受了你感覺為真的事物，
而創造是潛意識之印象的結果，
你經由感覺而決定了創造出來的狀態。

你已經是你所渴望成為的人，
唯一讓你無法意識到這一點的原因是，
你拒絕相信。

在外界尋找那些只能經由內心感覺的事物，終究是徒勞的，
因為我們永遠找不到自身所渴望的什麼，
只會找到我們所身為的什麼。

總之，你只能表現並擁有那些自己意識到其存在或已擁有的狀態。
正如《馬太福音》（13:12; 25:29）、《馬可福音》（4:25）、《路加福音》（8:18; 19:26）所說：「凡有的，還要加給他，叫他有餘。」

拋棄感官的顧慮，並想像願望實現的感覺，
這是實現願望的必要之路。
只要掌握對思想和感覺的控制，就是非常厲害的突破了。
然而，請記得，
在完全掌握及控制之前，
即使外在狀態不盡理想，
你仍要繼續感覺自己所期望的狀態。

至於實現願望的方面，
請利用睡眠和祈禱來協助你；
這兩者是進入潛意識的重要入口。

第二章 睡眠

睡眠，占了我們人生的三分之一時間，
是進入潛意識的自然管道。
因此，我們首先要探討的就是睡眠。

我們人生中另外三分之二的有意識生活，
是以我們對睡眠的重視程度來決定的。

我們對於睡眠的理解及其帶來的愉悅，
將使我們每晚都渴望著它，
如同迎接心愛的伴侶。

「人躺在床上沉睡的時候，
神就用夢和夜間的異象，開通他們的耳朵，
將當受的教訓印在他們心上。」（《約伯記》33:15-16）

人在睡眠中，以及近似於睡眠的祈禱中，
會進入潛意識，建構潛意識的印象並使其接收指示。

在這種狀態下，
意識和潛意識會以創造性的方式融合在一起。
陽性和陰性成為一體。

睡眠是意識心靈從感官世界向內尋找潛意識自我的時間，
如同男人尋找其愛人一般。

不同於世俗中的女人在出嫁後會開始改變自己的丈夫，
潛意識並無意改變意識（也就是清醒）的狀態，而是愛著意識本身，
並忠實地在外在的有形世界中重現意識的實體形式。

你在日常生活中的狀態和事件，
是你在睡眠中經由潛意識印象所創造出來的孩子。
它們是以你內心最深層感覺的印象和樣貌，
顯現於外在世界中。

「行在地上，如同行在天上。」（《馬太福音》6:10；《路加福音》11:2）

行在地上，如同行在潛意識中。

你入睡時存在於意識中的一切，

就是決定你人生中那三分之二清醒生活要如何表現的標準。

沒有什麼能阻止你實現目標，
除非你未能感覺到「自己就是所渴望成為的人」
或「你已經達成了所尋求的目標」。

只有當你感覺到願望實現時，
你的潛意識才會將你所渴望的事物轉化為實體形式。

睡眠中的無意識狀態，即是潛意識的一般狀態。
因為一切事物都來自於你的內在，
你對自身的理解將決定一切事物的狀態，

因此，你在每晚上床睡覺時，
都應該在進入夢鄉之前感覺到自身的願望已經實現。

你永遠不會從自己的內心深處汲取出想要的事物，
而只能汲取出你實際身為的本質；

你如何感覺自己，就會成為那樣的自己，
同樣的道理也展現在你對其他事物的感覺。

為了實現願望，

願望本身必須是你感覺到已經實現、擁有或達成它的狀態，

而這可以經由想像願望實現的感覺來達成。

你在放鬆入睡之前，

應該專注於想像

「如果我的願望實現了，我會感覺如何？」時所產生的感覺。

在入睡之前，你必須專注於理想或期望中的意識上。

一旦入睡後，人就失去了選擇的自由。

你的整個睡眠期間都會被睡前對自我的理解所主宰。

因此，你永遠都應該在入睡之前想像成就和實現的感覺。

如《詩篇》所說的：

「我們要來感謝他，用詩歌向他歡呼。」

以及「當稱謝進入他的門，當讚美進入他的院。」（95:2;100:4）

你入睡前的情緒，

將決定你進入永恆的愛人（即潛意識）的意識狀態。

她會完全根據你對自己的感覺來看待你。

如果你在準備入睡前，

想像並維持了「我很成功」這樣完美的意識，

必然就會成功。

首先，平躺在床上，

讓頭部與身體躺在相同高度；

然後，請感覺你已經達成了願望，

接著放鬆地進入無意識的狀態。

「保護以色列的，也不打盹，也不睡覺。」

然而，「唯有耶和華所親愛的，必叫他安然睡覺。」（《詩篇》121:4; 127:2）

潛意識從來不會睡覺。
清醒的意識經由睡眠這道門，
與潛意識進行創造性的結合。

睡眠蘊藏著創造的行為，
而有形世界則將此行為表現出來。
在睡眠中，人將對自身的概念烙印在潛意識中。

有什麼比《雅歌》中講述的
「我夜間躺臥在床上，
尋找我心所愛的……

遇見我心所愛的，
我拉住他，不容他走，
領他入我母家，到懷我者的內室」（3:1; 3:4），
更能描述這種意識和潛意識之間的浪漫之美呢？

準備入睡時，
你要感覺自己進入了願望得到滿足的狀態，
然後放鬆地進入無意識狀態。
你所追求的就是願望實現。

在寧靜的夜晚裡，
你躺在床上尋求著願望實現的感覺，
將其帶入你的創造之地，
也就是進入睡眠或潛意識；
潛意識是建構你自身的地方，
能讓願望得以實現。
這是發現並導引願望進入潛意識的方法。

感受你自己處於實現願望的狀態中，
然後靜靜地沉入夢鄉。

你應該夜復一夜地假裝自己擁有並見證所追求的目標。

永遠不要在內心沮喪或不滿意的狀態下入睡，
永遠不要在失敗的意識中入睡。

潛意識的自然狀態就是睡眠，
它會按照你對自己的信念來看待你，
不論那個信念是好是壞，她都會忠實地呈現。
你怎麼感覺，她就怎麼呈現；

她這個完美的愛人，將會如同創造所愛之人的孩子一樣，
將這些思想實體化。

「我的佳偶，你全然美麗，毫無瑕疵。」（《雅歌》4:7）
這是你應該在入睡前採取的心態。

忽略表象，並感覺事物如你所期望的那樣，
因為「所信的是那叫死人復活，使無變為有的神」（《羅馬書》4:17）。
一旦你假裝出完美的感覺，
就會召喚並反映出與完美相符的情況。

「徵兆跟隨於後」，
你自身的狀態將遵循你的意識，
結果不會先於原因。

你是一個永恆的夢想家，
追尋著非永恆的夢想。
當你假裝自己的夢想已經現實了，
你的夢想就會實體化。
不要局限於過去。
當你了解到意識無所不能時，

就能開始想像遠超越於過去經驗的狀態。
不管你如何天馬行空的想像，都能夠實現。

所有客觀（可見）的狀態，
都起源於主觀（不可見）的狀態，
而你又透過假裝它們為現實，
來使其顯現於世。

想像永遠都是創造過程的第一步，
接著是相信你所想像的狀態。
請永遠想像並期待最好的狀態。

在你改變對世界的想法之前，
世界是無法改變的。

「其外如其內，其內如其外。」
無論是國家或人，只會根據你的信念成為你要的樣子。

無論問題是什麼，
無論它出現在哪裡，
無論這個問題涉及到誰，
你都只能改變自己，
而且沒有任何對手或幫手能協助你改變自己。

你只需要說服自己：
「我希望看到的狀態是真實的。」
一旦你成功地相信這件事了，結果將隨之而來，
並證實你那堅定的信念。

你不應該建議他人去變成你希望他成為的樣子；
相反的，你應該說服自己，
他已經成為你所期望的樣子。

實現願望的方法，
是經由假裝願望已經實現的感覺來達成的。
除非你無法說服自己願望的真實性，
否則是不會失敗的。

信念的改變將帶來表現的改變。

每天晚上，在你入睡時，
請感覺到滿意和完美的狀態，
因為你的主觀總是根據你對世界的概念（這由你的感覺所定義），
來形成客觀世界的形象和樣貌。

你在人生中清醒的三分之二時間，
都在證實或見證你的潛意識。

每天的行動和發生的事件都只是結果，並非原因。

所謂的自由意志，其實是選擇的自由。

「今日就可以選擇所要侍奉的。」（《約書亞記》24:15）
這句話是指你擁有選擇心境的自由，
但心境的表現就是潛意識的秘密。

潛意識只能經由人的感覺來接收印象，
然後以只有它知道的方式，
將這些印象轉化為實體形式並表現出來。

一個人的行為是由他自己的潛意識印象來決定的。
他對自由意志的錯誤觀念，
以及對自由行動的信念，
都是出於對採取行動之原因的無知。

他認為自己是自由的，
因為他已經忘記了自己和一切事件之間的關聯。

人在清醒的時候，
會被迫表現出自己的潛意識印象。

如果過去他讓潛意識留下了不好的印象，
就要趕快改變自己的思想和感覺，
唯有如此，才能讓他改變自己的世界。

千萬不要沉浸在後悔的情緒中，
因為去感覺過去的錯誤，
就等於使自己再次受到該錯誤的感染。

「任憑死人埋葬他們的死人。」（《馬太福音》8:22；《路加福音》9:60）

請離開表象，
並假裝你已經是自己所期望的人。
去感覺產生狀態的那種狀態。
你在世界舞臺上扮演的角色，
就是由你對自己的想法所決定的。

透過感覺願望的實現以及輕鬆地進入睡眠，
你就能夠成為世界舞臺上的明日之星，
而在睡夢中，你將被訓練並教導成為那樣的角色。
接受了目標，就意味著實現願望的方法已經出現。

但是，請你不要對此有任何誤解。

如果在準備入睡時，
你沒有有意識地感覺自己處於願望實現的狀態，
那麼你將帶著清醒時的反應和感覺，
進入你的創造之地；

而在睡眠中，你會被告知明天將如何表現這些感覺。

當你醒來時，
你會相信自己是一個自由的人，
卻不會意識到當天的所有行為和事件，
都是根據你前一天入睡時的自我想法來進行的。

你唯一的自由，其實只剩下反應的自由。
你可以自由選擇你對當天劇本的感覺和反應，
但是劇本，包含當天的行為、事件和狀態，
都已經被決定了。

除非你有意識且刻意地決定入睡時的心態，
否則你會無意識地以當天所有感覺和反應所組成的綜合心態入睡。

你的每一次反應都會在潛意識中留下烙印，
除非有相反且更占主導地位的感覺來對抗，
否則這些印象將成為未來行為的原因。

經由感覺而發展成形的思想，是創造性的行為。
請明智地運用這種神聖的權利。
經由思考和感覺的能力，你可以支配一切的創造行為。

當你清醒時，就像是一個園丁，在為花園選擇種子，
但「一粒麥子不落在地裡死了，仍舊是一粒；
若是死了，就結出許多子粒來。」（《約翰福音》12:24）。

你在入睡當下對自己的那些想法，
就是投入潛意識土壤中的種子。
你入睡時，若能感覺滿足和快樂，
將會促使這樣的狀態和事件出現在你的世界裡，
進而證實你的這些感覺。

睡眠是通往天堂的門戶。
你以怎樣的感覺進入，
就會以怎樣的狀態、行動或實體表現出來。
因此，請以感覺到願望實現的心境入睡。
「行在地上，如同行在潛意識中。」

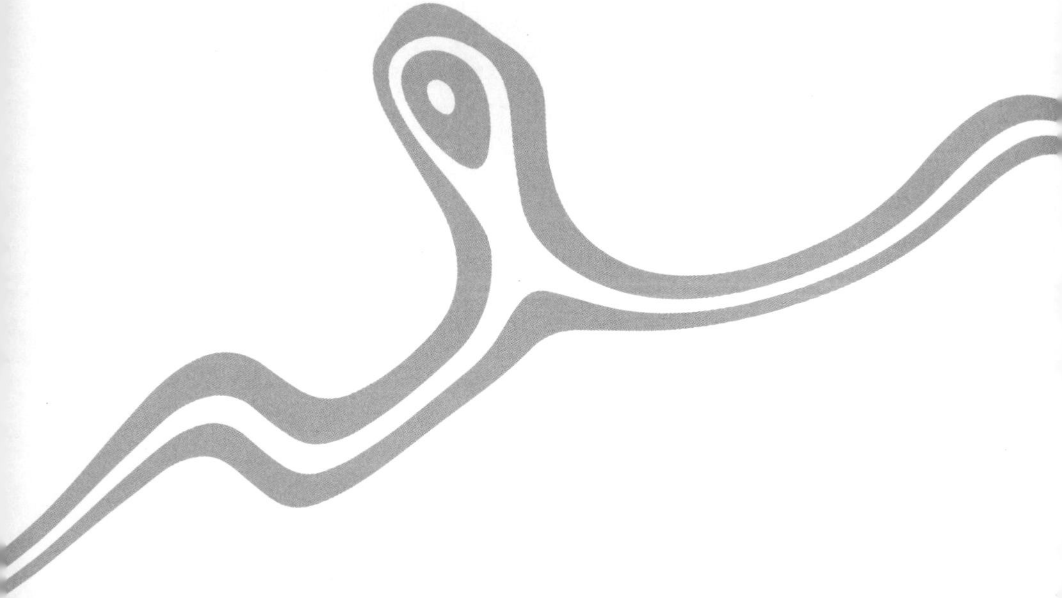

第三章

祈禱

祈禱，就如同睡眠一樣，
也是進入潛意識的一個途徑。

「你禱告的時候，
要進你的內屋，關上門，
禱告你在暗中的父，
你父在暗中察看，必然報答你。」（《馬太福音》6:6）

祈禱是一種近似睡眠的狀態，
它能夠減弱外在世界的影響，
使心靈更容易接受內心的想法。

在祈禱時，心靈會處於一種放鬆和開放的狀態，
類似於入睡前的感覺。
這種狀態將使人更容易接收到內心深處的啟示。

祈禱的重點，
不在於你所祈求的內容，
而在於你為祈禱所做的準備。

「所以我告訴你們，
凡你們禱告祈求的，無論是什麼，
只要信是得著的，就必得著。」（《馬可福音》11:24）

唯一的條件就是你要相信自己的祈禱已經實現。

如果你以達成目標為前提，
並產生相應的感覺，
你的祈禱就會得到回應。
一旦你將願望視為已經實現的事實，
潛意識就會找到實現它的方法。

因此，如果你希望禱告成功，
必須沉浸於願望中，並感覺願望已經實現。
一個完全遵從意識法則的人，
總會將「願望」視為「已經實現的事實」。

他們知道意識是唯一的現實，
想法和感覺是意識的結果，
與現實世界中的物體一樣真實。

因此，他們從來不會沉浸於不利己身幸福的感覺，
因為感覺是他們現實人生中一切結果和事件的根源。

另一方面，不理會意識法則的人，
往往難以相信心靈深處的事物，
通常僅憑感官的表象來判斷事物。

為了避免這種依賴表面感官的傾向，
在開始祈禱之前，
我們需要將感官排除在外，
試圖感受那些被感官所否定的事物。

若你心中有「我想要，但我不能」的想法，
那麼你越努力，就越難以達成願望。

因為你從未吸引你所渴望的事物，
而是總在吸引你意識中的事物。

祈禱的藝術是，
假裝自己擁有並成為所渴望之事物的感覺。

一旦感官證實了你的願望不存在時，
你有意識地對抗這種暗示的所有努力，
都將是徒勞的，
而且往往會加劇這種暗示。

祈禱的藝術是，

將自身投入到願望中，而非強迫達成願望。

每當你的感覺與願望相衝突時，
「感覺」總是會成為勝利者，
支配性的感覺總是會表現出來。

祈禱必須毫不費力。
在試圖建立一個被感官所否定的心態的過程中，
努力將是致命的。
為了成功地投入到願望中，

你必須創造一種被動的狀態，
一種類似於入睡前的感覺，
也就是沉思或冥想的狀態。

在這種放鬆的狀態下，
心靈將從物質世界中抽離出來，
並容易感覺到主觀心靈世界的現實性。
在這種狀態下，你是有意識的，
且能夠移動或睜開眼睛，
但你不會想這麼做。

要創造這種被動狀態，有一個簡單的方法，
是在舒適的椅子或床上放鬆。
如果你在床上，請平躺，
並讓頭部與身體齊平，
然後閉上眼睛，想像自己睏了，
並感覺——我很睏、很睏、非常睏。

不久之後，
一種遠離的感覺
會伴隨著一種全身乏力和失去移動欲望的感覺籠罩著你。
你會愉快且舒適地休息，

而且不願意改變你的姿勢，
在其他情況下，你可能不會對此感覺感到舒適。
當你達到這種被動狀態時，
想像你已經實現了願望，
不是想像它如何實現，
而是想像它已經實現了。

以圖像的形式，
想像著你想在生活中實現的目標，
然後感受自己已經實現了它。

思想會產生微小的言語行為，
這些言語行為在這種被動的祈禱狀態下可能會被聽到，
就像來自外部的宣告一樣。
然而，這種程度的被動狀態對實現的祈禱並不是必要的；
只要創造一種被動狀態，
讓自己感覺到願望已經實現，就足夠了。

你所需要或渴望的一切，都已經屬於你了。
你不需要任何幫助者來給予你，它現在就是你的。
經由想像和感覺你的願望已經實現，來喚起你的渴望。
當你接受了願望實現的結局，

你將對失敗的可能性毫不在乎，
因為接受了結局，就意味著你將會使用一切手段來實現這樣的結局。

當你從祈禱中走出來時，
就如同觀賞了一部戲的快樂且成功的結局，
儘管你不知道這個結局是如何實現的。

然而，在目睹了結局之後，
無論遭遇到任何低潮的情節，
你都能保持冷靜和安全，
因為你知道結局已經被完美定義了。

第四章

意識法則的精髓——感覺

「萬軍之耶和華說：
不是倚靠勢力，不是倚靠才能，
乃是倚靠我的靈，方能成事。」（《撒迦利亞書》4:6）

進入你所渴望的狀態的心態中，
假裝自己已經成為你想成為的人，
並擁有相應的感覺。

當你捕捉到所追求之狀態的感覺時，
你就不再需要努力去實現它，
因為它已經是現實。

每個人心中的每個思想，
都與特定的感覺相關聯。
透過假裝你已經擁有所渴望的東西的感覺，
捕捉到與實現願望相關聯的感覺，
你的願望就會顯現於現實之中。

信仰就是感覺。
「照著你們的信（感覺），給你們成全了罷。」（《馬太福音》9:29）

你從來不會吸引到你想要的東西，
而是吸引到你自己的本質。

一個人是什麼樣子，
他就看到什麼樣的世界。

「凡有的，還要加給他，叫他有餘；凡沒有的，連他所有的，也要奪去。」（《馬太福音》13:12；25:29、《馬可福音》4:25、《路加福音》8:18；19:26）

你感覺自己是什麼樣子，你就是什麼樣子，你會得到你所身為的東西。

所以，假裝你已經擁有你渴望之物的感覺，你的願望必將實現。

「神就照著自己的形象造人，乃是照著他的形象。」（《創世記》1:27）
「你們當以基督耶穌的心為心。」（《腓立比書》2:5）

然而，你就是你所相信的自己。
不要相信上帝或耶穌，而是相信你自己就是上帝或耶穌。

「我所作的事，信我的人也要作」（《約翰福音》14:12）
應該是「如果你相信我所相信的，你也會做我所做的事」。
耶穌相信自己就是上帝，
所以他覺得做上帝的工作很自然。
「我與父原為一。」（《約翰福音 10:30）

做你相信自己所身為的那種人的工作，
是很自然的。

因此只要活在你想成為的人的感覺中，
你就會成為那個人。

當一個人了解了這個建議的價值並將其付諸實現時，
他便已經在自己的內心確立了成功的現實。